Die Früchte in diesem Buch gehören zu folgenden Fruchttypen:

Beerenfrucht
Aubergine, Babaco, Banane, Bilimbi, Carambola, Chayote, Chiku, Curuba, Dattel, Feijoa, Granatapfel, Grapefruit, Guave, Jabuticaba, Kaki, Kaktusfeige, Kapstachelbeere, Kiwi, Kumquat, Limette, Lulo, Mandarine, Mangostane, Maracuja, Melonen, Orange, Pampelmuse, Papaya, Paprika, Pepino, Pitahaya, Pomelo, Pomeranze, Sharon, Squash, Sternapfel, Tamarillo, Wampi, Zitronatzitrone, Zitrone

Steinfrucht
Avocado, Betelnuß, Jujube, Kokosnuß, Mandel, Mango, Olive, Pekannuß, Pistazie, Pitanga

Nuß
Cashew-Nuß, Litschi, Macadamianuß, Rambutan

Scheinfrucht
Cherimoya, Feige, Loquat, Nashi, Netzannone, Schuppenannone, Stachelannone

Hülse
Erdnuß, Manna, Soja, Tamarinde

Kapsel
Okra, Paranuß, Stinkfrucht

Fruchtstand
Ananas, Brotfrucht, Jackfrucht

Gabriele und Peter Colditz

Exotische Früchte

Franckh-Kosmos

Zu diesem Buch

Wer heute die Obstabteilungen der Supermärkte oder Fachgeschäfte besucht, wird nicht selten von der Vielfalt der angebotenen Obst- und Gemüsesorten beeindruckt sein. Hier findet man Früchte mit zum Teil sonderbaren Namen, die vor einigen Jahren noch nicht bei uns angeboten wurden. Durch die Möglichkeit, verderbliche Lebensmittel in Kühlbehältern über weite Entfernungen schnell und schonend zu transportieren, ist in den letzten Jahren das Angebot an exotischen Früchten bei uns wesentlich größer geworden. Wie oft kommt es vor, daß man vor der Obsttheke steht – fasziniert von dem farbenfrohen Angebot – und dort Früchte sieht, deren Namen man nicht kennt und von denen man auch nicht weiß, wie sie verzehrt werden können und wie sie schmecken.
Dieses Buch soll als Orientierungshilfe beim Einkaufen dienen. Es ist aber auch ein wertvoller Ratgeber auf der Urlaubsreise in tropische und subtropische Länder.
Das bunte Treiben auf den Märkten und das vielfältige Angebot an Früchten faszinieren den Mitteleuropäer häufig außerordentlich. Umso besser ist es dann, wenn man die angebotenen Früchte auch bezeichnen kann und weiß, wie man sie verzehrt. Dieses Buch hilft Ihnen, sich in dem immensen Angebot der exotischen Märkte zurechtzufinden. Es kann auch auf weitesten Reisen bequem mitgenommen werden.
Bei den vorgestellten Arten handelt es sich vor allem um die exotischen Früchte und eßbaren Pflanzenteile oder Genußmittel, die regelmäßig bei uns angeboten werden. Es werden Informationen zu ihrer Herkunft, zur Beschaffenheit, zur botanischen Zugehörigkeit, zu der Art des Verzehrs, der Verarbeitung und zu wissenswerten Besonderheiten geliefert. Die beschriebenen Arten sind in fünf Gruppen unterteilt. Die erste und umfangreichste Abteilung stellt das Obst dar. Zitrusfrüchte und Melonen werden dabei als gesonderte Gruppen zusammengefaßt und zu Beginn behandelt. Die übrigen Früchte werden nach der äußeren Form in drei Abteilungen eingeteilt, innerhalb derer wiederum nach abnehmender Größe sortiert wurde.
Die zweite Gruppe umfaßt die Gemüse-Arten. Sie werden nicht roh verzehrt, sondern müssen zuvor zubereitet werden.
In der dritten Abteilung werden alle Nüsse und Nußartigen dargestellt. Hierzu gehören alle exotischen Früchte,

die landläufig als Nüsse bezeichnet werden. Viele Arten sind allerdings im botanischen Sinne keine Nüsse. Ihr Name ist irreführend. Um welchen Fruchttyp es sich tatsächlich jeweils handelt, wird im Text erklärt.
In der nachfolgenden Gruppe werden verschiedene Genußmittel vorgestellt. Bei Genußmitteln kennt man meist nur das fertige Produkt wie Tee oder Kaffee, weiß aber eigentlich nichts über den Ursprung. Hier wird erläutert, welche Teile der Pflanze genutzt und wie sie verarbeitet werden. Die letzte Abteilung umfaßt Pflanzen, die den anderen Gruppen nicht eindeutig zugeordnet werden können. Dabei handelt es sich beispielsweise um stärke-, öl- oder zuckerhaltige Pflanzen und Pflanzenteile, die als Grundnahrungsmittel oder bei deren Herstellung eine wichtige Rolle spielen.
Von den meisten der hier vorgestellten exotischen Pflanzen kann man die Früchte essen. Bei einigen Arten werden aber andere Pflanzenteile verwertet oder zu Lebensmitteln verarbeitet. Welche Teile einer Pflanze jeweils zum Verzehr geeignet sind, wurde der Übersicht halber und zum schnellen Auffinden in einer Tabelle auf der vorderen Klappe (innen) zusammengestellt. Dort finden Sie erste Verarbeitungshinweise, wenn Sie durch exotisches Obst und Gemüse eine Abwechslung in Ihren Speiseplan bringen oder Ihrem Menü eine interessante Note geben wollen. Viele Tropenfrüchte sind zudem äußerst dekorativ und bilden daher einen Blickfang auf jedem Buffet. Ihr Geschmack läßt sich oft nicht mit dem der populären Obstsorten vergleichen.
Wegen der langen Transportwege sind exotische Früchte leider häufig teurer als einheimische. Um einen Qualitätsverlust zu vermeiden, sollte man die Früchte zu Hause so schnell wie möglich verwerten. Muß man sie einige Tage aufheben, sollten sie kühl und dunkel, aber nicht im Kühlschrank aufbewahrt werden.
Wenn Sie sich die Welt der Tropen und Subtropen in die eigenen vier Wände holen möchten, steht dem nichts entgegen: Viele Exoten wachsen auch auf der Fensterbank, wenn man ihnen die richtige Pflege angedeihen läßt. Wie man aus Samen exotischer Früchte oder aus Pflanzenteilen selber Pflanzen ziehen kann, ist am Ende dieses Buches beschrieben.
Wer mehr über dieses Thema erfahren möchte, findet Informationen dazu im KOSMOS-Ratgeber „Kiwi, Litschi und Melone – Exotische Pflanzen selber ziehen“.

Grapefruit

Citrus paradisi

Kennzeichen: Familie der Rautengewächse. Kugelige Beerenfrüchte. Wachsartige Schale, gelb oder rosa gefärbt. Fruchtfleisch in Kammern unterteilt, gelb, rosa oder rot. Wenige Samen.
Herkunft: Erstes Auftreten 1750 in Puerto Rico; seit 1880 Anbau in Florida, heute auch in Israel und Südafrika.
Wissenswertes: Der bittere Geschmack stammt von dem Inhaltsstoff Naringin. Diese Substanz wirkt entschlackend, belebend, leicht abführend und stoffwechselfördernd. Neuere Grapefruit-Sorten besitzen statt der ursprünglichen gelben Schale eine rosafarbene und auch rosa oder rötlich gefärbtes Fruchtfleisch. Diese Früchte enthalten weniger Naringin, sind also nicht so bitter.

Pampelmuse, Riesenorange

Citrus maxima

Kennzeichen: Familie der Rautengewächse. Kugelige Beerenfrüchte. Wachsartige, gelbe Schale. Fruchtfleisch in Kammern unterteilt, gelb. Wenige Samen.
Herkunft: Südostasien; Anbau in allen Tropengebieten.
Wissenswertes: Die Pampelmuse gilt als Stammform der edleren Grapefruit und ist bei uns im Handel kaum mehr zu finden. Dafür wird jetzt eine andere Variante angeboten, die sogenannte **Pomelo**. Sie sieht aus wie eine große, birnenförmige Grapefruit mit gelber, etwas narbiger Schale und kann bis zu 2,5 kg wiegen. Nicht nur das Fruchtfleisch, sondern auch die bis 2,5 cm dicke Schale wird verwendet. Aus ihr kann man Marmelade herstellen oder sie anderen Fruchtmarmeladen beimischen.

Orange, Apfelsine

Citrus sinensis

Kennzeichen: Familie der Rautengewächse. Kugelige Beerenfrüchte. Wachsartige, orangefarbene Schale. Fruchtfleisch in Kammern unterteilt, orange oder rot gefärbt. Keine bis mehrere Samen.
Herkunft: China; Anbau weltweit in den Subtropen.
Wissenswertes: Schon 2000 Jahre v. Chr. wurde die Orange in China genutzt. 1553 gelangte der erste Orangenbaum nach Europa. Europäische Fürsten zogen diese Pflanzen in eigens dafür gebauten Gewächshäusern, den Orangerien. Mit über 30 Millionen Tonnen Produktion jährlich ist die Orange die wirtschaftlich bedeutendste Zitrusfrucht. Man unterscheidet Blond- und Blutorangen an der Farbe des Fruchtfleisches. Sie enthalten viele Vitamine und Fruchtsäuren.

Mandarine

Citrus reticulata

Kennzeichen: Familie der Rautengewächse. Kugelige Beerenfrüchte. Wachsartige, orangefarbene Schale. Fruchtfleisch in Kammern unterteilt, orange gefärbt. Keine bis mehrere Samen.
Herkunft: Südostasien; heute Anbau im Mittelmeerraum und in den USA.
Wissenswertes: Der Name leitet sich von Mandara, einer Bezeichnung für die Insel Mauritius, ab. Mandarinen enthalten zahlreiche Kerne und wurden daher von den samenlosen **Satsumas** und **Clementinen** größtenteils abgelöst. Clementinen traten 1912 erstmalig als Mutation in Algerien auf. Satsumas stammen aus Japan. Eine weitere Sorte sind die **Tangerinen**, die man bei uns vorwiegend als Dosenfrüchte kennt.

Zitrone

Citrus limon

Kennzeichen: Familie der Rautengewächse. Eiförmige Beerenfrüchte. Wachsartige, gelbe Schale. Fruchtfleisch in Kammern unterteilt, gelb. Wenige Samen.
Herkunft: Südlicher Himalaya, 500 v. Chr. schon in China kultiviert, gelangte im 13. Jahrhundert durch die Kreuzritter nach Europa; heute Anbau in Asien und in Mittel- und Südamerika.

Wissenswertes: Typisch für die Früchte ist die aufgesetzte Spitze an einem Ende. Das Fruchtfleisch der Zitrone enthält viel Vitamin C und 3,5–7 Prozent Zitronensäure. Der Saft sowie die unbehandelte Schale wird zum Abschmecken von Speisen und Getränken verwendet. Auch bei der Herstellung von Parfums und Ölen verwendet man Zitronensaft.

Limette

Citrus aurantiifolia

Kennzeichen: Familie der Rautengewächse. Kugelige bis eiförmige Beerenfrüchte. Wachsartige, grüne Schale. Fruchtfleisch in Kammern unterteilt, grünlich. Wenige Samen
Herkunft: Ostasien; Anbau in Mittelamerika und Florida.
Wissenswertes: Man unterscheidet die kleinen, grünen mexikanischen Sorten von den etwas größeren persischen, die bei der Reife gelb werden. Die amerikanischen Seefahrer führten Limetten früher als Mittel gegen den Skorbut mit sich. Das brachte ihnen den Spitznamen „Limey" ein. Durch Kolumbus gelangte die Limette in die Neue Welt. Limettensaft hat einen intensiven Geschmack und ist daher zum Aromatisieren von Getränken geeignet.

Pomeranze, Bitterorange

Citrus aurantium

Kennzeichen: Familie der Rautengewächse. Kugelige Beerenfrüchte. Wachsartige, dunkelorangefarbene Schale. Fruchtfleisch in Kammern unterteilt, orange gefärbt. Wenige Samen.
Herkunft: Indien; heute Anbau im Mittelmeerraum, in Südafrika und in der Karibik.
Wissenswertes: Unveredelte Urform der Zitrusfrüchte. 75 Prozent aller *Citrus*-Arten werden auf einer Pfropfunterlage der Pomeranze gezogen, da sie wenig frostempfindlich ist. Das Fruchtfleisch enthält den Bitterstoff Aurantin und ist fast ungenießbar. Die Schalen werden kandiert zu Orangeat verarbeitet. Aus ihnen stellt man die englische Orangenmarmelade her. Aus Früchten und Blüten gewinnt man ätherische Öle.

Zitronatzitrone

Citrus medica

Kennzeichen: Familie der Rautengewächse. Eiförmige Beerenfrüchte bis 2,5 kg. Wachsartige, gelbe, runzelige Schale. Fruchtfleisch in Kammern unterteilt, gelb gefärbt. Wenige Samen.
Herkunft: Subtropische Berglagen Indiens, Anbau auch im Mittelmeerraum.
Wissenswertes: Die Zitronatzitrone wird auch Adamsapfel genannt, da man glaubt, daß sie die verbotene Frucht vom Baum der Erkenntnis gewesen sei. Ebenso soll eine schwangere Frau, die in diese Frucht beißt, einen Jungen gebären. Die dicke Schale ist reich an ätherischen Ölen. Aus ihr wird Zitronat hergestellt. Zu letzterem wird die Schale der unreifen Frucht zunächst in Salzwasser ausgelaugt. Dann wird sie in Zuckersirup kandiert.

Melonen

Gattungen *Citrullus* und *Cucumis*

Kennzeichen: Familie der Kürbisgewächse. Einjährige, am Boden rankende Pflanzen. Runde bis elliptische Beerenfrüchte mit glatter oder rauher Schale. Fruchtfleisch saftig, gelblich, grün oder rot, mit zahlreichen hellen oder schwarzen Samen.
Herkunft: Die Wildform stammt vermutlich aus dem tropischen Afrika. Heute Anbau in fast allen tropischen und subtropischen Ländern bis in die warmen Regionen der gemäßigten Zonen.

Wassermelone
Citrullus vulgaris
Kennzeichen: Bis 15 kg schwere Früchte, kugelig, mit glatter Schale, hell- bis dunkelgrün gefärbt und gelegentlich marmoriert (siehe S. 17 unten). Fruchtfleisch rot mit zahlreichen schwarzen Sa-

men, die kreisförmig in der Frucht verteilt sind.
Wissenswertes: Das Fruchtfleisch besteht zu 95 Prozent aus Wasser und dient daher in vielen Ländern als Trinkwasserersatz. Auch die öl- und nährstoffhaltigen Samen werden häufig verzehrt. Wassermelonen wachsen heute noch wild in ihrer ursprünglichen Heimat Afrika. Sie gelangten schon vor etwa 2000 Jahren nach Europa und werden dort seitdem kultiviert.

Zuckermelone
Cucumis melo
Kennzeichen: Je nach Sorte unterschiedlich gefärbte und geformte Früchte mit mehr oder weniger rauher Schale (siehe nebenstehendes Bild und S. 14). Die hellen Samen befinden sich in einer Höhlung in der Mitte der Frucht.
Wissenswertes: Zuckermelonen wurden wie Wassermelonen schon im alten Ägypten kultiviert. Sie stammen vermutlich aus Indien. Im 15. Jahrhundert gelangten sie nach Europa. Man erzählt,

daß sich Kaiser Albrecht II. 1439 und Papst Paul II. 1471 an zu vielen Zuckermelonen totgegessen haben sollen. Man unterscheidet verschiedene Varietäten: Die gelbschalige, ovale **Honigmelone** (*Cucumis melo* var. *melitensis*, siehe oben) wird am häufigsten angeboten. Das Fruchtfleisch ist gelblichgrün und besitzt ein leichtes Honigaroma. Zu dieser Varietät gehört auch die **Ananasmelone**, die ihren Namen wegen des typischen Duftes erhalten hat. Beide Sorten haben eine glatte Schale. Die ovale **Netzmelone** *(Cucumis melo* var. *reticulatus)* besitzt eine rauhe, grünlichgraue Schale mit einem hellbraunen oder weißlichen Netzmuster. Das Fruchtfleisch ist lachsfarben. Auch die **Galeamelone** gehört zu den Netzmelonen. Ihre gelbbraune Schale ist netzartig strukturiert. Das Fruchtfleisch ist weißlichgrün. Die **Kantalupmelone** *(Cucumis melo* var. *cantalupa)* hat eine kugelige Form. Die Schale ist gerillt und gelegentlich mit Warzen bedeckt. Daher wird sie auch Warzenmelone genannt. Sie soll in Europa erstmalig im italienischen Schloß Cantalupo angebaut und danach benannt worden sein. Zu den Kantalupmelonen gehört auch die **Charentais-Melone**, deren aprikosenfarbenes Fruchtfleisch ein besonders feines Aroma besitzt. Die **Ogenmelone** ist eine Kreuzung aus Netzmelone und Kantalupmelone und stammt aus Israel. Die Schale ist gelb-grün gestreift. Das Fruchtfleisch ist hellgrün.

Kiwano, Hornmelone
Cucumis metuliferus
Kennzeichen: Walzenförmige, gelbbraune bis rote, 10–14 cm lange Früchte mit hornartigen Auswüchsen (siehe oben). Fruchtfleisch grün, sehr weich, saftig und von vielen Samen durchsetzt.
Wissenswertes: Die Kiwano ist eine relativ neue Melonen-Züchtung, die ursprünglich aus Neuseeland stammt. Die Frucht wird halbiert und das Fruchtfleisch ausgelöffelt. Das Aroma erinnert an den Geschmack von Bananen.

Brotfrucht

Artocarpus communis

Kennzeichen: Familie der Maulbeergewächse. Kugeliger Fruchtstand von 20–30 cm Durchmesser, gelb, mit warzig gefelderter Oberfläche. Aus 16–24 kastaniengroßen Nußfrüchten, die geröstet verzehrt werden.
Herkunft: Malaysia; heute Anbau in allen Tropengebieten.
Wissenswertes: Im Jahre 1789 ließ Kapitän Bligh 1000 junge Brotfruchtbäume für den Export nach Europa auf sein Schiff „Bounty" verladen. Auf dem Rückweg kam es zu der berühmten Meuterei. Nach seiner Rettung unternahm der Kapitän eine neue Brotfrucht-Expedition, und so wurde die Pflanze weit verbreitet. Die Früchte können bis zu 2 kg schwer werden. Sie werden normalerweise grün geerntet und

enthalten 20–22 Prozent Stärke. Das unreife Fruchtfleisch wird gekocht oder gebacken und stellt ein wichtiges Lebensmittel dar. Im reifen Zustand ist das Fruchtfleisch goldgelb. Der Geschmack ist süß, aber streng. Es wird zu einer käsigen, haltbaren Masse vergoren.
Eng verwandt ist die Brotfrucht mit der aus Vorderindien stammenden **Jackfrucht** (*A. integrifolia*) (unten). Der Baum wurde schon vor Jahrtausenden in Indien und Ceylon kultiviert. Im 16. Jahrhundert brachten ihn die Portugiesen nach Brasilien und in die Karibik. Hier wurde er schon lange vor den Brotfruchtbäumen genutzt. Der faulige Geruch der bis zu 40 kg schwer werdenden Fruchtstände läßt sich durch Einlegen in Salzwasser beseitigen. Das Fruchtfleisch wird roh oder als Gemüse gekocht verzehrt. Die Samen werden bis zu 5 cm groß und werden auch geröstet gegessen. Sie erinnern im Geschmack an Eßkastanien.

Cherimoya, Rahmapfel

Annona cherimola

Kennzeichen: Familie der Annonengewächse. Erdbeerförmige, bis zu 20 cm groß werdende Scheinfrüchte (siehe oben). Die ledrige Haut verfärbt sich mit zunehmender Reife von grün nach braun; sie wird nicht mitverzehrt. 30–40 große schwarze Samen (siehe S. 21 oben).

Herkunft: Andengebiete Ecuadors und Perus, bevorzugt über 800 m Höhe; heute auch Anbau in Afrika (besonders Israel) und Spanien.

Wissenswertes: Die Früchte der Annonengewächse sind Sammelfrüchte oder Scheinfrüchte, die sich aus dem Blütenboden bilden. Sie sollen kühl gelagert werden. Reife Früchte geben auf Druck nach. Cherimoyas waren schon bei den Inkas bekannt. Ihr Name bedeutet „kalter Samen".

Die **Netzannone** *(A. reticulata)* oder Ochsenherzannone wird 7–13 cm groß. Auf der Schale zeichnet sich ein Netzmuster aus fünfeckigen Feldern ab. Unter der braunroten Schale befindet sich das sehr süße, elfenbeinfar-

bene, weiche Fruchtfleisch. Die **Schuppenannone** (*A. squamosa*, siehe S. 21 Mitte), auch Zuckerapfel oder Süßsack genannt, wird 7–10 cm groß und besitzt eine buckelige Oberfläche. Die grüne Schale ist mit bläulichem oder weißem Reif überzogen. Die **Stachelannone** (*A. muricata*, siehe nebenstehendes Foto) oder der Sauersack erreicht die Größe einer Wassermelone und wiegt 2–3 kg. Dornig-fleischige Anhängsel ragen über die Außenfläche empor.

Granatapfel

Punica granatum

Kennzeichen: Familie der Myrtengewächse. Bräunlichgelbe Beeren mit harter, lederartiger Schale, bis zu 9 cm im Durchmesser. Erhabener Kelchansatz. Im Inneren mehrere Hundert von rotem, eßbarem Fruchtfleisch umgebene etwa 5 mm lange hellbraune Samen.
Herkunft: Persien; Anbau in den Tropen und Subtropen.
Wissenswertes: Wegen seiner Vielsamigkeit galt der Granatapfel als Symbol der Fruchtbarkeit. In Ägypten und Griechenland wurde der Baum als heilige Pflanze verehrt. Wir kennen den Granatapfel aus den orientalischen Märchen und von der bildlichen Darstellung in dem berühmten Zwiebelmuster. Der aus Granatäpfeln abgepreßte Saft wird als Grenadine bezeichnet.

Kaki

Diospyros kaki

Kennzeichen: Familie der Ebenholzgewächse. Fleischtomatengroße, leicht abgeflachte Beerenfrüchte mit glatter Schale; gelborange bis orangerot mit vier Kelchblättern auf der Unterseite. Fruchtfleisch bei Vollreife süß, sehr weich, geleeartig; bis zu acht Samen.
Herkunft: China und Japan; heute weltweit in den Subtropen verbreitet.

Wissenswertes: Es gibt zahlreiche Kaki-Sorten, die man in zwei Gruppen einteilen kann. Die Früchte der einen Gruppe enthalten viel Tannin, das erst bei Vollreife abgebaut wird. Vorher schmekken sie stark zusammenziehend. Die Früchte der anderen Gruppe enthalten kein Tannin und sind samenlos. Hierzu gehört die als **Sharon** bezeichnete Variante.

Nashi, Chinesische Birne

Pyrus pyrifolia

Kennzeichen: Familie der Rosengewächse. Apfelgroße Scheinfrüchte, je nach Sorte kugelig oder birnenförmig. Schale gelblich mit winzigen braunen Punkten. Fruchtfleisch hell, knackig und saftig. Mehrere Samen im Kerngehäuse.
Herkunft: Ostasien; Anbau auch in Taiwan, Neuseeland, Australien und Chile.
Wissenswertes: Am besten verzehrt man die Früchte gut gekühlt. Der Geschmack des knackigen Fruchtfleisches erinnert zwar an den von Birnen, ist aber frischer und säuerlicher. Auch wenn die Früchte vollreif sind, behalten sie eine feste Schale und ein festes Fruchtfleisch. Nashis sind nicht so druckempfindlich wie Birnen und können auch einige Zeit kühl gelagert werden.

Loquat, Japanische Mispel

Eriobotrya japonica

Kennzeichen: Familie der Rosengewächse. Kugelige bis birnenförmige, etwa 5 cm lange Scheinfrüchte, an einem Ende Einbuchtung mit Blütenkelchresten. Schale und Fruchtfleisch orangegelb. Im Innern zwei oder drei große, dunkelbraune Nüßchen in einer Art Gehäuse (ähnlich dem eines Apfels) angeordnet. Fruchtfleisch knackig, saftig und süß.

Herkunft: China; Kultivierung in China, Japan und Indien, heute Anbau im gesamten Mittelmeerraum und anderen subtropischen Gebieten.

Wissenswertes: Trotz ihres deutschen Namens ist die Loquat keine Mispel. Sie stammt auch nicht aus Japan, sondern ursprünglich aus China. 1787 wurde sie nach Europa gebracht.

Maracuja, Passionsfrucht

Passiflora edulis, P. ligularis

Kennzeichen: Familie der Passionsblumengewächse. Kugelige Beerenfrüchte mit pergament- oder wachsartiger Schale, dunkelviolett, grün-gelb oder orange. Die zahlreichen Samen im Innern sind von schleimigem, grünlichem Fruchtfleisch, dem sogenannten Saftbläschengewebe, umgeben.
Herkunft: Brasilien; Anbau in den meisten Tropengebieten.

Wissenswertes: Man unterscheidet mehrere Varianten der Passionsfrucht: Die **Purpurgrenadille** (*P. edulis forma edulis*, siehe oben) wird 7 cm groß und besitzt eine dunkelviolette Schale, die nach der Ernte stark schrumpft. Das hat aber keinen Einfluß auf den Saftgehalt der Frucht. Diese Art findet man in Kenia, Australien und Neuguinea. Die **Gelbe**

Passionsfrucht *(P. edulis forma flavicarpa)* besitzt eine wachsartige Schale. Diese Variante wächst in Südamerika, auf Fiji, Hawaii, in Taiwan und Sri Lanka. Maracuja-Saft wird bei der Herstellung von Säften, Mixgetränken und

Milchprodukten verwendet. Die **Süße Grenadille** *(P. ligularis)* besitzt ein graues Fruchtfleisch und weniger Säure. Die bis zu 12 cm großen Früchte werden ausgelöffelt. Die orangefarbene Schale ist glatt und fest. Die Art stammt aus den Bergregionen Mexikos und Zentralamerikas. Die verwandte **Curuba** (*P. mollissima,* siehe nebenstehendes Foto) besitzt gelbe, bananenförmige, bis 10 cm lange Früchte mit rosa- bis orangefarbenem Fruchtfleisch.

Mangostane

Garcinia mangostana

Kennzeichen: Familie der Johanniskrautgewächse. Kugelige bis zu 9 cm große Beeren. Am Stielansatz vier Kelchblätter, verholzte Narbe am anderen Ende. Schale bis 8 mm dick und fest, rotbraun bis dunkelviolett. Fruchtfleisch weiß, weich und saftig, in vier bis sieben Segmente unterteilt, mit einigen Samen.
Herkunft: Malaysia; Anbau in allen Tropengebieten.

Wissenswertes: Die Mangostane ist eine der wohlschmeckendsten Früchte der Tropen. Allerdings ist sie recht empfindlich. Das Fruchtfleisch färbt sich an Druckstellen sofort braun. Früchte mit Verletzungen in der Schale verderben sehr schnell. Botanisch gesehen stellen die Samenmäntel das Fruchtfleisch dar. Häufig entwickeln sich samenlose Früchte.

Kapstachelbeere

Physalis peruviana

Kennzeichen: Familie der Nachtschattengewächse, einjährig. Kirschgroße, orangefarbene Beerenfrüchte, die umhüllt von einem hellbraunen, vertrockneten Blütenkelch in den Handel kommen. Winzige Samen, die mitgegessen werden.
Herkunft: Südamerika; Anbau vorwiegend in Südafrika, Kenia, Kolumbien und Neuseeland.

Wissenswertes: Der süß-säuerliche Geschmack der Beeren erinnert im Aroma ein wenig an Tomaten. Die Frucht bleibt bis zur Ernte von dem vergrößerten, lampionartig aufgetriebenen Blütenkelch umhüllt. Wenn dieser papiertrocken ist, sind die Früchte reif und werden geerntet. Bei feuchter Lagerung beginnen sie schnell zu schimmeln.

Pitanga, Surinamkirsche

Eugenia uniflora

Kennzeichen: Familie der Myrtengewächse. 3–4 cm große, runde bis eiförmige Steinfrüchte, an den Enden etwas abgeflacht, mit acht Längsrillen, die die Früchte in acht Segmente unterteilen. Am unteren Ende der Frucht ein vertrockneter Blütenkelch. Schale und Fruchtfleisch zunächst hellgrün, mit zunehmender Reife gelb, rot bis schwarz. Ein großer Same.

Herkunft: Brasilien; Anbau auch in Indien.

Wissenswertes: Die Pitanga ist mit der Gewürznelke verwandt. Die Früchte haben die Form eines kleinen Turbans. Das saftige und weiche Fruchtfleisch schmeckt vollreif am besten. Werden die Früchte gekocht, muß man zuvor den Samen entfernen, da er einen zusammenziehenden Geschmack abgibt.

Acerola, Antillen-Kirsche

Malpighia punicifolia

Kennzeichen: Familie der Malpighiengewächse. 2,5 cm große Spaltfrüchte, andeutungsweise dreigeteilt. Dünne Schale wie Fruchtfleisch gelb bis dunkelrot gefärbt.
Herkunft: Mittelamerika; Anbau auf den Westindischen Inseln und in einigen anderen subtropischen Gebieten.
Wissenswertes: Mit 1400–2500 mg Vitamin C/100 g ist die Acerola die Frucht mit dem höchsten Vitamin-C-Gehalt. Der aus den Früchten gewonnene Saft wird unter der Bezeichnung Cerola in Flaschen abgefüllt angeboten. In der Arzneimittelindustrie verwendet man Acerolas bei der Herstellung von Vitamin-C-Präparaten. Pflanzen der Gattung *Malpighia* wurden im 17. Jahrhundert erstmalig in Europa eingeführt.

Ananas

Ananas comosus

Kennzeichen: Familie der Ananasgewächse. Einzelbeeren zu einem Sammelfruchtstand verwachsen. Zapfenähnliches Aussehen. Schale braun bis orange. Auf der Oberseite der Frucht grüne Blattrosette. Fruchtfleisch gelb und saftig.
Herkunft: Paraguay und Brasilien, Anbau in Thailand, China, auf Hawaii, in vielen Ländern Afrikas, Mittelamerikas und auf den Philippinen.
Wissenswertes: Die Ananas entwickelt sich ohne vorherige Befruchtung aus den Blüten und ist daher eine Scheinfrucht. In der Mitte der Blattrosette schiebt sich ein Schaft heraus, der die Blüten (siehe S. 33 unten) und später den Fruchtstand trägt. Da der Fruchtstand im Aussehen einem Pinienzapfen ähnelt, wird die Ananas im Engli-

schen „pineapple" genannt. Von einer Pflanze erhält man meist zwei Ernten, eine vom Haupttrieb und eine von den Seitentrieben. Nach der zweiten Ernte werden die Pflanzen durch Ableger vermehrt. Die Früchte bilden keine Samen. Das Fruchtfleisch enthält die Vitamine B1, B2 und C und das eiweißspaltende Enzym Bromelin, das verdauungsfördernd wirkt. 1493 entdeckte Kolumbus die Ananas auf der Insel Guadeloupe, 1599 importierten die Portu-

giesen sie in den Südpazifischen Raum. Zu Beginn des 19. Jahrhunderts gelangte sie nach Hawaii. Dort wurde erstmalig die Konservierung als Dosenfrüchte im großen Rahmen angewandt. Die größte Menge an Ananas wird in Thailand und China erzeugt. Besonders auf den Philippinen werden auch die Blattfasern der Ananas, die sogenannten Pina-Fasern genutzt. In einem aufwendigen Verfahren werden aus ihnen Spitzen und kühlwirkende Stoffe hergestellt.

Stinkfrucht, Durian

Durio zibethinus

Kennzeichen: Familie der Wollbaumgewächse. Elliptische, bis 3 kg schwere Kapselfrüchte, die sich mit drei bis vier Klappen öffnen. In Reihen angeordnete, kastaniengroße Samen, die von einem rahmfarbenen, saftig weichen Samenmantel umgeben sind. Schale grün bis grüngelb, mit dicken Stacheln besetzt. Strömt einen penetranten Geruch aus.

Herkunft: Südostasien, dort seit Jahrhunderten kultiviert.
Wissenswertes: Der fleischige Samenmantel besitzt einen fruchtig-würzigen Geschmack, dessen Aroma etwas an Zwiebeln und Vanille erinnert. Trotz der nach faulen Zwiebeln stinkenden Schale ist die Frucht in ihrer Heimat sehr beliebt. Sie muß sofort nach dem Öffnen verzehrt werden.

Papaya, Baummelone

Carica papaya

Kennzeichen: Familie der Melonenbaumgewächse. Ovale oder birnenförmige Beerenfrüchte, 10–25 cm lang. Schale grün, bei Vollreife gelb bis orangerot, wird nicht mitgegessen. Fruchtfleisch gelb bis rosa, in der Mitte eine Höhle mit Hunderten kugeliger schwarzer, ungenießbarer Samen, die von geleeartiger Substanz umgeben sind.

Herkunft: Mittelamerika, heute Anbau in vielen tropischen und subtropischen Ländern.

Wissenswertes: Das Fruchtfleisch hat einen hohen Vitamingehalt und besitzt kaum Säure. Eine nahe Verwandte ist die gurkenförmige **Babaco** *(C. pentagona)*, deren Schale eßbar ist. Blätter und Früchte des Melonenbaums enthalten das verdauungsfördernde Enzym Papain.

Mango

Mangifera indica

Kennzeichen: Familie der Sumachgewächse. Ovale oder nierenförmige, bis 15 cm lange Steinfrüchte. Wachsartige Schale grün-gelb, orange oder rotviolett, ungenießbar. Fruchtfleisch gelborange, saftig, zur Mitte hin faseriger. In der Mitte ein großer Samen von harter, mit Fasern besetzter Schale umgeben.
Herkunft: Burma und Indien; Anbau auch in Pakistan, Brasilien und anderen tropischen Ländern.
Wissenswertes: Die Mango ist mit über 1000 Sorten eine der wichtigsten Obstarten der Tropen. Schon vor 4000 Jahren wurde sie in Indien kultiviert. Reife Früchte geben auf Druck nach. Je nach Sorte enthalten sie mehr oder weniger Terpentin, das mit zunehmender Reife abgebaut wird.

Avocado

Persea americana

Kennzeichen: Familie der Lorbeergewächse. Birnenförmige Steinfrüchte, je nach Sorte zwischen wenigen und 25 cm groß mit sehr großem Samen. Schale glatt und narbig. Farbe von grün über purpur bis schwarz. Fruchtfleisch cremefarben und butterweich, wird roh verzehrt.
Herkunft: Bergwälder Mittelamerikas; Anbau in Israel, Südamerika und Kalifornien.

Wissenswertes: Avocados wurden schon vor 8000 Jahren in Mittelamerika angebaut. Azteken und Inkas verwendeten Avocados als potenzsteigerndes Mittel. 1653 brachten die Spanier Avocados nach Europa. Wegen des hohen Protein- und Ölgehaltes wurde die Frucht auf langen Seereisen als Fleischersatz verwendet und erhielt den Namen „Butterfrucht".

Guave

Psidium guajava

Kennzeichen: Familie der Myrtengewächse. Apfelgroße Beeren mit weicher, wachsartiger Schale, die zunächst grün, bei Vollreife gelb sind. Sahniges Fruchtfleisch weiß, gelb oder rosa mit zahlreichen kantigen Samen, die ringförmig im Fruchtinnern angeordnet sind.
Herkunft: Tropisches und subtropisches Amerika; Hauptanbaugebiete heute in Südafrika und Indien.
Wissenswertes: Guaven gehören zu den Früchten mit dem höchsten Vitamin-C-Gehalt (300–700 mg/100 g Fruchtfleisch). Sie finden besonders bei der Herstellung von Säften und Gelees Verwendung. Das Fruchtfleisch enthält viel Pektin und hat daher eine schleimige Konsistenz. Die Samen können mitgegessen werden.

Tamarillo, Baumtomate

Cyphomandra betacea

Kennzeichen: Familie der Nachtschattengewächse. Eiförmige, 8–10 cm lange Beerenfrüchte. Schale glatt, gelb, rot oder dunkelpurpurrot. Zahlreiche weiche Samen in geleeartigem, rotem Fruchtfleisch kreisförmig angeordnet.

Herkunft: Nördliches Südamerika; Anbau auch in Afrika und Neuseeland.

Wissenswertes: Tamarillos sind sehr druckempfindlich und sollten nicht lange gelagert werden. Nur vollreife Früchte haben den typischen bittersüßen Geschmack. Das Fruchtfleisch enthält viel Vitamin A und C. Die Schale ist besonders herb und sollte daher nicht mitgegessen werden. Sie läßt sich wie bei Tomaten nach Überbrühen mit kochendem Wasser leicht abtrennen.

Pitahaya

Verschiedene *Cactus*-Arten

Kennzeichen: Familie der Kakteen. Ovale bis kugelige Früchte, 10–12 cm lang. Schale dick, gelb oder rot, mit schuppenartigen Auswüchsen bedeckt. Fruchtfleisch weiß oder rötlich mit zahlreichen kleinen, schwarzen Samen durchsetzt.
Herkunft: Südamerika.
Wissenswertes: Unter dem Namen Pitahaya kommen verschiedene Früchte auf den Markt. Man kann sie bei Raumtemperatur nachreifen lassen. Reife Früchte geben auf Druck nach und sollten kühl gelagert werden. Das Fruchtfleisch wird mit den Samen roh verzehrt. Es enthält viel Vitamin C, Kalzium und Phosphor. Das Aussehen der roten Pitahaya ist so charakteristisch, daß man in ihrer Heimat Guatemala eine Farbe danach benannt hat.

Kaktusfeige

Opuntia ficus-indica

Kennzeichen: Familie der Kakteen. Ovale, 8–10 cm lange Beerenfrüchte mit warzenartigen Erhebungen, meistens mit kleinen Dornen besetzt. Schale gelb, orange oder rotviolett. Fruchtfleisch gelb, rosa oder rot mit zahlreichen schwarzen Samen.
Herkunft: Tropisches Südamerika, vor Jahrtausenden schon Anbau in Mexiko; heute im Mittelmeerraum und in Australien verbreitet.
Wissenswertes: Die Früchte werden ohne Schale verzehrt. Beim Genuß von dunklem Fruchtfleisch färbt sich der Urin ebenso dunkel. Vor Einführung des Getreides waren die Kaktusfeigen ein wichtiges Grundnahrungsmittel in Mexiko. Opuntien bilden undurchdringliche Hekken und werden daher als lebende Zäune eingesetzt.

Chiku, Breiapfel

Manilkara sapota

Kennzeichen: Familie der Sapotegewächse. Eiförmige, 5–8 cm große Beerenfrüchte. Kartoffelbraune, weiche, aber rauhe Schale, die nicht mitgegessen wird. Fruchtfleisch gelblich bis braunrot, weich und sehr süß; wird roh verzehrt. 1–4 große schwarze Samen.
Herkunft: Tropen Amerikas; heute Anbau in allen tropischen Gebieten der Erde.

Wissenswertes: Die Chiku ist die Frucht des Sapotebaumes. Bei Anritzen tritt aus dem Stamm ein latexhaltiger Saft aus, der die Ausgangssubstanz für Kaugummi liefert, daher auch der Name Kaugummibaum. Wegen des weichen Fruchtfleisches sind die Früchte sehr empfindlich. Sie sollten nur vollreif verzehrt werden, da unreife Früchte Tannin enthalten.

Kiwi, Chinesische Stachelbeere

Actinidia chinensis

Kennzeichen: Familie der Strahlengriffelgewächse. Hühnereigroße Beeren mit brauner, rötlich behaarter, ungenießbarer Schale. Fruchtfleisch grün, saftig, in der Mitte weiß. Zahlreiche winzige, schwarze Samen sind um den weißen Mittelteil angeordnet.
Herkunft: Jangtse-Tal in China; seit 1906 Anbau in Neuseeland, heute auch in Australien, Kalifornien, Chile, Südafrika und im Mittelmeerraum.
Wissenswertes: Den Namen Kiwi gaben die Neuseeländer der Frucht vermutlich, weil die rauhe Schale sie an den gleichnamigen Vogel erinnerte. Kiwis enthalten das eiweißspaltende Enzym Actinidin. Milchprodukte können in Verbindung mit frischen Kiwis bitter werden.

Salak, Schlangenhautfrucht

Salacca edulis

Kennzeichen: Familie der Wolfsmilchgewächse. Früchte länglich-oval mit einem zugespitzten Ende, bis zu 10 cm lang und 8 cm breit. Schale dunkel rotbraun, glänzend, fein geschuppt, nicht eßbar. Fruchtfleisch weißlich, säuerlich bis süß. Ein großer dunkelbrauner Same.
Herkunft: Südostasien, besonders Malaysia und Indonesien.

Wissenswertes: Die Schale der Salak ist fein und glatt geschuppt wie eine Schlangenhaut (Name!). Reife Früchte werden roh verzehrt. Sie halten sich für längere Zeit, wenn man sie in zuckerhaltigem Salzwasser aufbewahrt. Unreife Früchte legt man in Essig ein. Salaks werden von den südostasiatischen Pilgern auf dem Weg nach Mekka mitgenommen.

Feige

Ficus carica

Kennzeichen: Familie der Maulbeergewächse. Birnen- oder kugelförmige Scheinfrüchte, bis 8 cm lang. Schale grün bis dunkelviolett.
Herkunft: Vorderasien, gelangte etwa 700 v. Chr. nach Griechenland; heute Anbau in fast allen subtropischen Ländern.
Wissenswertes: Die winzigen Blüten der Feige befinden sich in einem urnenförmigen Blütenstand, aus dem sich später die Scheinfrucht entwickelt. Die Öffnung des Blütenstandes ist so klein, daß die Blüten nur von bestimmten Gallwespen befruchtet werden können. Die eigentlichen Früchte sind die zahlreichen kleinen Nüßchen im Innern der Feige. Feigen enthalten viel Fruktose und wirken verdauungsfördernd.

Dattel

Phoenix dactylifera

Kennzeichen: Familie der Palmen. Bis 5 cm lange Beerenfrüchte mit einem großen, längsgefurchten Kern in der Mitte. Schale goldgelb bis braunrot, glatt, eßbar. Fruchtfleisch hell und fest.
Herkunft: Wahrscheinlich Nordafrika und Vorderasien; heute typische Pflanze der Randtropen.
Wissenswertes: Schon 3000 v. Chr. wurde die Dattelpalme in Persien angebaut, so daß der Ursprung schwer festzustellen ist. Die Dattel stellt für die Bevölkerung ihrer Heimatländer ein wichtiges Grundnahrungsmittel dar. Ihr Fruchtfleisch enthält 60–70 Prozent Zucker. Es gibt etwa 40 verschiedene Kulturformen. Aus dem Stamm der Wildform *P. silvestris* wird Saft abgezapft und zu Palmwein vergoren.

Kumquat, Zwergorange

Fortunella japonica und *F. margarita*

Kennzeichen: Familie der Rautengewächse. Kugelige bis länglich-ovale Beerenfrüchte, Durchmesser 2,5 cm, Länge bis 4 cm. Schale goldgelb bis orangegelb. Fruchtfleisch orange, in Kammern, einige Samen. Geschmack herb-süß.

Herkunft: China; heute Anbau auch in Japan, Nord- und Südamerika und im Mittelmeerraum.

Wissenswertes: Kumquats sind mit den Zitrusfrüchten eng verwandt, besitzen allerdings eine eßbare Schale. Sie haben ein intensives Aroma und schmecken wie saftiges Orangeat mit einer leicht bitteren Note. Das Fruchtfleisch ist in nur drei bis sechs Kammern unterteilt. 1846 gelangten die ersten Pflanzen zunächst als Zierpflanzen nach Europa.

Litschi, Chinesische Pflaume

Litchi chinensis

Kennzeichen: Familie der Seifenbaumgewächse. Rundliche bis ovale, 3–4 cm große Nußfrüchte. Warzig-rauhe, brüchige, rotbraune Schale. Samenmantel eßbar, weißlich, weich und saftig. Ein großer ungenießbarer, dunkelbrauner Same.
Herkunft: China; Anbau in Asien, Ozeanien, Südafrika und Florida.
Wissenswertes: Die Litschi wird schon seit über 2000 Jahren in China kultiviert, wo sie als „Spenderin der Lebensfreude" bezeichnet wird. In ihrem Heimatland werden die Früchte nicht nur frisch, sondern auch wie Rosinen getrocknet verzehrt. Litschis reifen nicht nach. Sie werden also reif geerntet und müssen dann so schnell wie möglich an ihren Bestimmungsort gelangen.

Rambutan, Haarige Litschi

Nephelium lappaceum

Kennzeichen: Familie der Seifenbaumgewächse. Rundlich-ovale, bis 5 cm große Nußfrüchte. Schale rot, brüchig, gefeldert. Jedes Feld ist in einen langen, weichen roten oder gelben Stachel ausgezogen. Ein heller, saftiger, eßbarer Samenmantel umgibt einen großen, nicht eßbaren, dunklen Samen.
Herkunft: Malaysia; Anbau im tropischen Asien.

Wissenswertes: Die Rambutan ist der Litschi sowohl in Aussehen als auch im Geschmack sehr ähnlich. Das säuerliche Fruchtfleisch enthält viel Vitamin C. Bei älteren Früchten verfärben sich die Stacheln schwarz. Eine verwandte Art ist die **Longan** *(Euphoria longan)*. Sie wird 3 cm groß, hat eine braune Schale und orangegelbes bis rotes Fruchtfleisch.

Banane

Musa spec.

Kennzeichen: Familie der Bananengewächse. Gebogene Beerenfrüchte. Schale gelb, grün oder rot. Fruchtfleisch weißlich.
Herkunft: Indomalayischer Raum, Anbau in Brasilien, Asien und Mittelamerika.
Wissenswertes: Man unterscheidet Obst- von Gemüse- bzw. Mehlbananen. Nachweislich wird die Obstbanane seit dem 6. Jahrhundert v. Chr. in Indien kultiviert. 200 v. Chr. wurde sie schon in China angebaut. Heute ist sie die wichtigste Tropenfrucht. Die nur fingerlangen, gelben Bananen besitzen ein viel saftigeres Fruchtfleisch als die großfrüchtigen Sorten. Mehlbananen sind häufig grün gefärbt. Sie enthalten weniger Zucker, dafür mehr Stärke als die Obstbananen. Sie werden gekocht.

Einige Bananensorten dienen auch der Fasergewinnung (Manilahanf) oder werden bei uns als Zierpflanzen angeboten. Alle Bananen-Sorten gehen aus Kreuzungen der Wildarten *M. acuminata* und *M. balbisiana* hervor.
Die Bananenpflanze ist eine Staude. Die Blüten (siehe nebenstehendes Bild) gelangen ohne Befruchtung zur Reife. Die Früchte enthalten keine Samen, sondern nur Reste von Samenanlagen. Die Vermehrung der Pflanzen erfolgt durch Schößlinge.

Manna, Röhrenkassie

Cassia fistula

Kennzeichen: Familie der Johannisbrotgewächse. Bis 50 cm lange, drehrunde Hülsenfrüchte. Verzehrt wird das schwarzbraune, süße Fruchtmark.

Herkunft: Südasien; Anbau auch in Afrika und im tropischen Amerika.

Wissenswertes: Die Röhrenkassie ist verwandt mit dem Johannisbrot und der Tamarinde. Das süße, klebrige Fruchtmark umgibt die Samen, die im Innern der Schote in kleinen, durch runde Blättchen abgeteilten Fächern liegen. Es besitzt abführende Wirkung. Diese Frucht ist nicht zu verwechseln mit dem biblischen Manna, das vermutlich eine Flechte oder der Honigtau der Mannaschildlaus war. Auch die Ausscheidung der Mannaesche wird Manna genannt.

Johannisbrot

Ceratonia siliqua

Kennzeichen: Familie der Schmetterlingsblütler. Schwärzlichbraune, flache, bis 20 cm lange und einige Zentimeter breite Hülsenfrüchte. Nahtränder sind aufgebogen. 4–12 braune Samen sind in eine dunkle Fruchtmasse eingebettet.
Herkunft: Kleinasien; Anbau auch auf Zypern, Sizilien, auf der Iberischen Halbinsel und in Kalifornien.

Wissenswertes: Das Fruchtmark hat einen sehr hohen Zuckergehalt (bis zu 50 Prozent) und ist reich an Vitaminen und Mineralstoffen. Es wird zur Herstellung von Hustensaft verwendet und gilt auch als gesunder Schokoladenersatz („Carob"). Wegen ihres konstanten Gewichtes hat man die Samen früher zum Abwiegen von Edelsteinen benutzt.

Tamarinde

Tamarindus indica

Kennzeichen: Familie der Schmetterlingsblütler. Bis 20 cm lange Hülsenfrüchte mit brüchiger, zimtfarbener, matter Schale. Bis zu zehn Samen umgeben von dunkelbraunem Fruchtmark.
Herkunft: Tropisches Ostafrika; Hauptanbau in Indien, sonst in Tropengebieten.
Wissenswertes: Die Tamarinde wird auch Saure oder Indische Dattel genannt. Das Fruchtmark der Tamarinde besteht zu 35 Prozent aus Zucker und zu 20 Prozent aus organischen Säuren. Es wird zur Herstellung von Getränken, Marmeladen, Saucen, Chutneys, Kautabak und Sirup verwendet. Die jungen Blätter und Schoten der Tamarinde dienen als Gemüse. Die Samen werden gekocht oder geröstet als Kaffeezusatz verwendet.

Carambola, Sternfrucht

Averrhoa carambola

Kennzeichen: Familie der Sauerkleegewächse. 8–12 cm lange Beerenfrüchte mit wachsartiger Schale. Farbe blaßgrün, hellgelb bis goldgelb. Fruchtfleisch knakkig und saftig, je nach Sorte sehr sauer bis süß. Duftet nach Jasmin. Sternförmiger Querschnitt durch fünf Längsrippen.

Herkunft: Malaysia; Anbau in Kalifornien, im Südpazifik, in Indien, Afrika, Mittel- und Südamerika.

Wissenswertes: Das Fruchtfleisch enthält viel Vitamin C sowie Kalzium, Magnesium und Phosphor. Die Früchte werden frisch verzehrt. Der Saft von Carambolas ist ein ausgezeichnetes Mittel zum Putzen von Messing. Eine verwandte Art ist die **Bilimbi** *(A. bilimbi)*. Sie ist grün und länglicher als die Carambola.

Artischocke

Cynara scolymus

Kennzeichen: Familie der Korbblütler. Rundliche oder ovale Blütenknospen bis 15 cm Durchmesser. Blütenhüllblätter dachziegelartig angeordnet, grün oder violett.
Herkunft: Persien, um 500 v. Chr. Kultivierung in Ägypten; Anbau im Mittelmeerraum und in den USA.
Wissenswertes: Die Artischocke ist mit den Disteln verwandt. Der Name *Cynara* ist auf die antike Bezeichnung für „stachelige Pflanze" zurückzuführen. Verzehrt werden die fleischigen Enden der Hüllblätter und der Blütenboden. Die Stärke in den fleischigen Teilen wird beim Kochen in Fruchtzucker umgewandelt und ist daher für Diabetiker bekömmlich. Aus den Blättern und dem Stiel gewinnt man den Bitterstoff Cynarin.

Aubergine, Eierfrucht

Solanum melongena

Kennzeichen: Familie der Nachtschattengewächse, einjährig. Längliche, keulenförmige Beerenfrüchte von 10–20 cm Länge, mit glatter, dunkelvioletter Schale und Blattkranz am Stielansatz. Fruchtfleisch weißlich mit kleinen hellen Samen.
Herkunft: Indien und Afrika; Anbau im Orient, im Mittelmeerraum, in China und Mittelamerika.

Wissenswertes: Alte Auberginen-Sorten waren nur etwa eigroß (Name!) und hatten eine helle Schale. Man findet sie heute nur noch selten auf dem Markt. Unreife Früchte enthalten das giftige Solanin. Daher sollte man nur vollreife Früchte verwenden. Bitterstoffe lassen sich durch Einwirken von Salz oder Zitronensaft und anschließendes Abspülen entfernen.

Paprika

Capsicum spec.

Kennzeichen: Familie der Nachtschattengewächse. Beeren mit zahlreichen kleinen Samen und glatter Schale. Form und Farbe sehr unterschiedlich. Früchte schlank walzenförmig, lampionförmig oder rundlich bis blasig aufgetrieben, teilweise zur Spitze hin verjüngend. Farbe grün, gelb, orange, rot bis dunkelviolett. Fruchtwand je nach Art unterschiedlich dick. Die Samen sitzen an Leisten im Hohlraum der Frucht.
Herkunft: Mittel- und Südamerika; heute Kultivierung in allen warmen Klimaten.
Wissenswertes: Man unterscheidet die milden Gemüsepaprika von den scharfen Gewürzpaprika. Die Fruchtwand der Gewürzpaprika ist meistens wesentlich dünner als die der Gemüsepaprika.

Insgesamt gibt es 35 Arten der Gattung *Capsicum*. Eine wichtige Art ist die **Beißbeere** *(Capsicum annuum)*, eine einjährige krautige Pflanze, die auch Spanischer Pfeffer oder Cayenne-Pfeffer genannt wird. Aus ihr hat man

zahlreiche Varietäten herausgezüchtet. Bereits um 2000 v. Chr. wurden Paprika in Peru kultiviert. Mit den Spaniern gelangte die Pflanze nach Europa. Den scharfen Geschmack erhalten die Früchte durch das Alkaloid Capsaicin, das vor allem in den Samen und in den Leisten, an denen sie sitzen, enthalten ist. In den milden Gemüsepaprika fehlt diese Substanz weitgehend. Weiterhin enthalten Paprika viel Vitamin C und A und verschiedene Farbstoffe.

Okra, Eibisch, Gombo

Abelmoschus esculentus

Kennzeichen: Familie der Malvengewächse, einjährig. Fingerlange, sechskantige, schnabelförmige Kapselfrüchte, grün, leicht flaumig behaart. Im Innern zahlreiche kleine, weiche Samen, die mitgegessen werden.
Herkunft: Tropisches Asien; Anbau auch in Afrika, Amerika und auf dem Balkan.
Wissenswertes: Okras werden in noch unreifem Zustand geerntet und sind ein zartes Gemüse. Beim Kochen geben sie eine schleimige Substanz ab, so daß sie besonders zur Verwendung in Suppen oder Saucen geeignet sind und auch das ideale Gemüse für Magenkranke sind. Die Samen werden geröstet verzehrt. Sie enthalten bis zu 25 Prozent Öl, das zur Margarineherstellung verwendet wird.

Soja

Glycine max

Kennzeichen: Familie der Schmetterlingsblütler. Krautige, einjährige Pflanze mit braungelben, behaarten Hülsenfrüchten, in deren Innern 2–3 rundliche oder ovale Samen, weißgelb, braun oder schwarzbraun.
Herkunft: Ostasien; heute Anbau auch in Nordamerika und in den Tropen.
Wissenswertes: Sojabohnen enthalten bis zu 40 Prozent Eiweiß und 20 Prozent Fett. Aus den Bohnen wird Fleischersatz hergestellt. Gekocht oder gekeimt dienen die Bohnen als Gemüse. Aus dem Sojaschrot stellt man Sojamehl, Sojamilch und Sojaquark her. „Sojasprossen" sind häufig die Keimlinge der Mungobohne. Das Sojaöl wird zu Margarine, Seife und Schmiermitteln verarbeitet.

Kürbis

Cucurbita maxima

Kennzeichen: Familie der Kürbisgewächse. Form rundlich, birnenförmig oder länglich. Schale dünn und eßbar oder dick und ungenießbar. Farbe grün, gelb, orange, weißlich. Zahlreiche Samen in einer Höhle im Fruchtzentrum.

Herkunft: Amerika; heute Anbau weltweit.

Wissenswertes: Kürbisse werden oft als Squash bezeichnet. Sommersquash besitzen eine dünne, eßbare Schale. Sie müssen bald nach der Ernte verwertet werden. Zu ihnen zählen die Zucchinis. Wintersquash variieren sehr stark in Form und Farbe. Man kann nur das Fruchtfleisch verwenden. Sie werden im Herbst geerntet und können monatelang ohne Qualitätsverlust aufbewahrt werden.

Chayote, Schuschu

Sechium edule

Kennzeichen: Familie der Kürbisgewächse, einjährig. Birnenförmige, 8–15 cm lange Beerenfrüchte; an der Basis runzelig, häufig weich bestachelt. Schale grün bis gelbgrün. Nur ein großer Same, keimt schon in der Frucht.
Herkunft: Brasilien; Anbau in Westafrika und auf den Westindischen Inseln.
Wissenswertes: Die Chayote wurde bereits von den Azteken kultiviert und kommt heute im Wildzustand nicht mehr vor. Die Pflanze kann über 10 m lange Sprosse bilden. Die verdickte Wurzel bildet Seitenwurzeln, die sich zu Knollen verdicken und wie Kartoffeln gekocht werden können. Die Früchte werden als Gemüse oder Kompott zubereitet. Sprosse und junge Wurzeln verwendet man wie Spargel.

Bambus

Dendrocalamus hamiltonii

Kennzeichen: Familie der Gräser. Junge Schößlinge werden als Gemüse verarbeitet. Farbe gelblich bis hellbraun.
Herkunft: Burma; heute überall in den Tropen angebaut.
Wissenswertes: Die jungen Triebe gelangen als „Bambussprossen" in den Handel und sind aus der asiatischen Küche bekannt. Bambus ist ein Gras, das 30–40 m hoch werden kann. Es bevorzugt feuchte Standorte. Die Triebe sind deutlich in Knoten und Zwischenstücke gegliedert. Sie können am Tag 30–50 cm wachsen. Ein ungewöhnliches Phänomen ist die Bambusblüte: Alle Pflanzen einer Art blühen weltweit zum selben Zeitpunkt. Bei vielen Arten stirbt die Pflanze nach der Samenbildung ab.

Ingwerwurzel

Zingiber officinale

Kennzeichen: Familie der Ingwergewächse. Unregelmäßig geformte, verzweigte Wurzelstöcke bis 50 cm Länge. Außen beige oder hellbraun, innen hell, leicht gelblich, etwas faserig. Scharf-würziger Geschmack.
Herkunft: Asien; Anbau in China, Indien, Japan, Costa Rica, Brasilien und Kenia.
Wissenswertes: Ingwer enthält ein scharf schmeckendes Gemisch aus Harzen und ätherischen Ölen, den Geruchsstoff Zingiberol sowie das eiweißspaltende Enzym Zingibain. Ingwer wird frisch als Gemüse, kandiert oder getrocknet als Gewürz verwendet. Er gilt als Heilmittel gegen Magenleiden, Verdauungsstörungen, Rheuma und Verletzungen. Ginger Ale wird auch aus Ingwer hergestellt.

Paranuß

Bertholletia excelsa

Kennzeichen: Familie der Topffruchtgewächse. Bis 5 cm lange dunkelbraune, rauhe, dreikantige, sehr harte Samen. Eßbar ist der innenliegende, weiße Pflanzenembryo, der mit einer braunen, häutigen Schale umgeben ist.
Herkunft: Brasilien.
Wissenswertes: Die Paranuß ist keine Nuß, sondern der Same einer kugelförmigen Kapselfrucht, die 30 cm Durchmesser und ein Gewicht von 30 kg erreichen kann. In jede Frucht sind 15–40 Samen eingebettet. Der Paranußbaum wird nicht kultiviert; gesammelt werden die herabgefallenen Früchte der wilden Bäume. Der Deckel der Fruchtkapsel wird dann geöffnet, und die Samen werden entnommen. Andernfalls knabbern Nagetiere die holzigen Früchte auf.

Pekannuß

Carya illinoensis

Kennzeichen: Familie der Walnußgewächse. Etwa 5 cm lange, behaarte Steinfrüchte mit länglich-ovalen Samen, deren Inneres den eßbaren Anteil darstellt; mit glatter, mittelbrauner, harter Schale.
Herkunft: Mississippi-Region der USA; heute Anbau in den USA, Australien und Südafrika.
Wissenswertes: Die Pekannuß ist eng mit der Walnuß verwandt. Ihre Kerne sind ähnlich geformt, nur schlanker und dunkler. Der Geschmack ist besser und süßer als der der Walnuß. Pekannüsse waren früher ein wichtiges Nahrungsmittel für die Indianer und versorgten sie besonders im Winter mit wichtigen Nährstoffen. Von Bäumen der Gattung *Carya* stammt auch das Holz mit dem Namen Hickory.

Macadamia-Nuß

Macadamia tetraphylla

Kennzeichen: Familie der Silberbaumgewächse. Kugelige, helle Samen von 2–3 cm Durchmesser, umgeben von einer harten, braunen, glatten Schale.
Herkunft: Australien; heute Anbau auch in Hawaii, Südafrika und Mittelamerika.
Wissenswertes: Die Macadamia-Nuß ist die teuerste im Handel erhältliche Nuß. Die Samen bestehen zu 77 Prozent aus Fett und müssen daher kühl gelagert werden. Nach der Ernte werden sie getrocknet und meistens geröstet. Erst 1857 wurde die Macadamia-Nuß von dem Botaniker Walter Hill im australischen Queensland entdeckt. Er benannte sie nach seinem Freund John McAdam. Der Macadamia-Baum ist mit den großblütigen *Protea*-Arten verwandt.

Mandel

Prunus amygdalus

Kennzeichen: Familie der Rosengewächse. Eiförmige, abgeflachte, an den Enden spitz zulaufende, grüne Steinfrüchte mit einem pelzartigen Überzug. Unter der harten, hellbraunen Kernschale mit kleinen Poren befindet sich der von einer dünnen, häutigen braunen Schale umgebene weiße Same.
Herkunft: Orient; Anbau im gesamten Mittelmeerraum.

Wissenswertes: Man unterscheidet Bitter- und Süßmandeln. Süßmandeln werden geröstet verzehrt und spielen eine bedeutende Rolle bei der Herstellung verschiedener Backwaren. Bittermandeln schmecken extrem bitter und enthalten einen Stoff, der die hochgiftige Blausäure bildet. Das aus ihnen extrahierte Öl dient zum Würzen.

Cashew-Nuß

Anacardium occidentale

Kennzeichen: Familie der Sumachgewächse. Nierenförmiger, hellbrauner Same von 3–4 cm Länge.
Herkunft: Karibik und Nordost-Brasilien; Anbau vorwiegend in Indien.
Wissenswertes: Die Cashew-Nuß ist der Same einer Nußfrucht, die am Vorderende eines fleischig ausgebildeten, roten Fruchtstiels hängt, dem sogenannten Kaschuapfel. Aus den Früchten gewinnt man durch Destillation das Kaschuschalenöl, das in Medizin und Industrie verwendet wird. Nach der Ölgewinnung öffnet man die Frucht und entnimmt den Samen, der geröstet als Cashew-Nuß auf den Markt kommt. Die Nüsse enthalten 45 Prozent Öl und 20 Prozent Eiweiß. Durch Pressen gewinnt man aus ihnen Speiseöl.

Erdnuß

Arachis hypogaea

Kennzeichen: Familie der Schmetterlingsblütler, einjährig. Nußartige Hülsen; im Inneren zwei hellbraune Samen mit hauchdünner, dunkelbrauner Haut, von der gelblichgrauen, brüchigen, netzartig strukturierten Schale umgeben.
Herkunft: Südamerika; heute Anbau in Indien, China, den USA und Afrika.
Wissenswertes: Erdnußpflanzen sind Selbstbestäuber. Nach der Befruchtung senken sich die Blüten nach unten und schieben ihren Fruchtknoten in die Erde, wo sich die Erdnuß entwickelt (Name!). Erdnüsse enthalten 42–55 Prozent Fett und 24–35 Prozent Eiweiß. Sie kommen roh oder geröstet in den Handel. Durch Auspressen gewinnt man ein wichtiges Speiseöl.

Pistazie

Pistacia vera

Kennzeichen: Familie der Sumachgewächse. Kleine, mandelförmige Steinfrucht, am Ende leicht gebogen. Grünliche Samen, deren bräunliche Schalen bei Vollreife an einer Längsseite aufplatzen.
Herkunft: Kleinasien; Anbau in warmen Klimaten Asiens und im Mittelmeerraum.
Wissenswertes: Man unterscheidet elf Sorten von Pistazien. Sie sind reich an Fetten und Proteinen. Pistazien werden mit der Außenschale getrocknet oder geröstet. Sie dienen als Knabberei und als Gewürz für Süßspeisen und Backwaren. Ebenso stellt man aus ihnen Öl her. Aus der Innenhaut wird der Farbstoff Tannin gewonnen. Aus einer anderen Pistazienart gewinnt man ein Harz, das man in der Zahnmedizin verwendet.

Pinienkern

Pinus pinea

Kennzeichen: Familie der Kieferngewächse. Walzenförmige, etwa 2 cm lange, weißliche Samen.
Herkunft: Kleinasien; im Mittelmeerraum überall verbreitet.
Wissenswertes: Die Pinie ist der charakteristische Nadelbaum des Mittelmeerraums. Ihre weit ausladenden Baumkronen sind beliebte Schattenspender. Die weißen Pinienkerne befinden sich in den hartschaligen, kantigen Piniennüssen, die sich wiederum in den Pinienzapfen befinden, die drei Jahre zur Reife benötigen. Erst im vierten Jahr öffnen sich die Zapfen und setzen die Piniennüsse frei. Die Pinienkerne werden roh verzehrt. Wegen ihres hohen Fettgehaltes (60 Prozent) werden die Kerne schnell ranzig.

Kokosnuß

Cocos nucifera

Kennzeichen: Familie der Palmen. Eiförmige Steinfrüchte, 12–15 cm groß, äußere Faserschicht und Schale dunkelbraun. Drei Keimporen an der Spitze. Innere Fruchtwandschicht (nicht Fruchtfleisch) schneeweiß, im Innern häufig milchige Flüssigkeit (Kokoswasser).
Wissenswertes: Kokospalmen wurden schon vor 4000 Jahren in der Südsee kultiviert. Die Früchte können bis zu 4500 km im Meer treiben und bleiben dabei keimfähig. Kokosnüsse gelangen ohne den sie umgebenden Faserteil mit der glatten Außenhaut auf den Markt. „Kopra" ist das zerkleinerte und getrocknete Endokarp, aus dem man Palmin herstellt. Aus Kokosfasern („Coir") werden Teppiche und Seile gefertigt.

Betelnuß

Areca catechu

Kennzeichen: Familie der Palmen. Hühnereigroße Steinfrüchte mit gelborangefarbener Schale. Faseriges Fruchtfleisch mit einem großen Samen.
Herkunft: Hinterindien; heute verbreitet in Asien und Afrika.
Wissenswertes: Der Same, die sogenannte Betelnuß, enthält Alkaloide, die anregend und verdauungsfördernd wirken und die Herztätigkeit beschleunigen. In Asien ist das Betelkauen noch sehr verbreitet. Der Same wird in Scheiben geschnitten und mit Gewürzen in die Blätter des Betelpfeffers gewickelt. Die Wirkstoffe töten Eingeweidewürmer ab. Mit der Zeit bekommen die Zähne einen schwarzen, lackartigen Belag. Das Betelkauen ist nicht gesundheitsschädlich.

Kaffee

Coffea arabica

Kennzeichen: Familie der Krappgewächse. Dunkelbraune, etwa 1 cm lange Samen mit tiefer Längsfurche auf einer Seite.
Herkunft: Kaffa, eine abessinische Landschaft; um 1300 Anbau im Jemen; wächst zwischen dem 28. Grad südlicher und nördlicher Breite; Haupterzeugerländer sind Brasilien und Kolumbien.
Wissenswertes: Die „Kaffeebohnen" sind die Samen einer roten Steinfrucht, der sogenannten Kaffeekirsche (siehe oben). Ihre Reifezeit beträgt acht bis zwölf Monate. Pro Frucht bilden sich zwei Samen, die von einem Silberhäutchen umschlossen sind. Die Früchte werden in der Sonne getrocknet. Anschließend werden Fruchtfleisch, Fruchtschale und Silberhaut abgelöst. In einem anderen

Verfahren werden die Kaffeekirschen unter Wasserzusatz einem Gärprozeß unterzogen, der das Fruchtfleisch ablöst. Die so gewonnenen Bohnen nennt man Hornschalenkaffee. Sie werden erneut getrocknet und von der Hornschale befreit. Der auf diese Weise erzeugte graugrüne Rohkaffee ist hochwertiger als der im Trockenverfahren hergestellte. Abschließend werden die Kaffeesamen geröstet. Etwa Dreiviertel der Welternte ent-

fallen auf den Bergkaffee *(Coffea arabica).* Andere bedeutende Sorten sind der Kongo-Kaffee *(Coffea canephora)* und der Liberia-Kaffee *(Coffea liberica).*
Zwischen 1000 und 1300 n. Chr. gelangte der Kaffee aus Äthiopien in den Jemen. Dort wurde er auf bewässerten Bergterrassen angebaut. Die Araber verbreiteten ihn später über die ganze Welt. 1550 wurde in Konstantinopel das erste Kaffeehaus eröffnet. Nach Westeuropa gelangte der Kaffee 1576.

Kakao

Theobroma cacao

Kennzeichen: Familie der Sterkuliengewächse. Elliptische, etwa 2 cm lange, kakaorote Samen mit netzartig gerillter Oberfläche.
Herkunft: Nördliches Südamerika, Anbau hauptsächlich in Afrika; gedeiht nur in den Tropen zwischen 15 Grad nördlicher und südlicher Breite.
Wissenswertes: In Mexiko dienten die Kakaobohnen früher als Zahlungsmittel und waren die Grundlage des Münzsystems. Sie sind die Samen von 15–20 cm langen Beerenfrüchten (siehe S. 79 unten), die zunächst grün, später gelb und bei Vollreife rotbraun gefärbt sind. Die kleinen Blüten und später die Früchte wachsen direkt am Stamm oder an dicken Ästen des Baumes (siehe oben). Die Kakaosamen werden ver-

goren, wobei Bitterstoffe abgebaut werden und sich das Aroma entwickelt. Vor der Weiterverarbeitung werden sie gewaschen und getrocknet. Die Samenschale verfärbt sich beim Trocknen von weiß nach kakaorot. Kakaosamen enthalten 53 Prozent Kakaobutter. Zur Herstellung von Kakaopulver preßt man die Hälfte des Fettes ab. Kakao enthält das Alkaloid Theobromin. Es ist mit dem Coffein verwandt und hat eine ähnlich anregende Wirkung.

Tee

Camellia sinensis

Kennzeichen: Familie der Teestrauchgewächse. 6 m hohe Sträucher mit bis zu 10 cm langen Blättern.
Herkunft: Assam und Birma, heute Anbau vor allem in China, Indien, Sri Lanka, Indonesien und Japan.
Wissenswertes: Kultur und Genuß von Tee gibt es in China mindestens seit 2700 v. Chr. Zwischen 600 und 1000 n. Chr. entwickelte er sich zum Nationalgetränk. Erst 1550 gelangte der Tee durch die Araber nach Europa und 1640 nach England. Die Teepflanze ist ein kleiner Baum. Die Blätter sind länglich, zugespitzt und an den Rändern gezähnt. Tee gedeiht in einem warmen Klima zwischen 18 und 28 °C mit regelmäßigen, hohen Niederschlägen. Je nach Anbaugebiet werden die jungen

Triebe zwischen drei und 30mal pro Jahr geerntet. Die Blätter werden in sogenannten Welkhäusern angetrocknet. Die welken Blätter werden gerollt und vier Stunden lang bei 35–40 °C fermentiert. Dadurch entsteht die dunkle Farbe, und ätherische Öle werden frei. Anschließend wird der Tee in heißer Luft bei 80–110 °C getrocknet und nach Qualität sortiert. Die besten Teesorten enthalten nur zarte Blätter. Andere Sorten enthalten

auch festere Blätter, Blattstückchen, kleine Stiele und Stengelteile. Der Coffeingehalt von Tee beträgt 2–5 Prozent. Wichtige Inhaltsstoffe sind außerdem Theobromin und Gerbstoffe. Beim Grünen Tee unterbleibt die Fermentierung. Die Blätter werden nur gerollt und durch Dampf unter Druck getrocknet. Gelber Tee wird halbfermentiert. Er kommt unter dem Namen Oolong in den Handel. Tee wird auch mit Blüten, die reich an ätherischen Ölen sind, aromatisiert.

Mate-Tee

Ilex paraguariensis

Kennzeichen: Familie der Stechpalmengewächse. Immergrüner, 3 m hoch werdender Baum oder Strauch. Länglich-ovale Blätter mit gezähntem Rand.
Herkunft: Brasilien und Paraguay; heute Anbau in allen tropischen und subtropischen Gebieten Südamerikas.
Wissenswertes: Mate-Tee wird aus den jungen Blättern des Matebaumes gewonnen. Die Blätter werden zunächst über dem Feuer, später in einer Darre getrocknet und dann zerkleinert. Mate-Tee enthält weniger Koffein (1,73 Prozent) und Gerbsäure als Tee.
Durch verschiedene Herstellungsverfahren bedingt, gibt es grüne und schwarze Varianten. Schon Charles Darwin bezeichnete den Mate-Tee als das ideale Stimulans.

Tabak

Nicotiana tabacum

Kennzeichen: Familie der Nachtschattengewächse, einjährig. Bis 3 m hohe, unverzweigte Pflanze mit länglichen, drüsig behaarten Blättern und rötlichen Blüten.
Herkunft: Tropisches und subtropisches Amerika; heute Anbau weltweit: von den Tropen bis in die gemäßigten Zonen.
Wissenswertes: Tabak wurde schon von den Indianern geraucht, gekaut oder geschnupft. Im 16. Jahrhundert gelangte der Tabak nach Spanien, wo er zunächst als Zierpflanze kultiviert und dann in der Medizin verwendet wurde. Erst Anfang des 17. Jahrhunderts wurde Tabak zum Genußmittel. Die Blätter werden getrocknet und fermentiert, wobei das typische Aroma und die braune Farbe entstehen.

Maniok

Manihot esculenta

Kennzeichen: Familie der Wolfsmilchgewächse, mehrjährig. 30–90 cm lange Wurzelknollen, Durchmesser 5–10 cm, Gewicht 2–5 kg. Schale weiß, braun oder rot, Mark weiß oder gelblich.
Herkunft: Tropisches Amerika; Anbau auch im tropischen Afrika und Asien.
Wissenswertes: Die Kultivierung des Manioks reicht bis ins Jahr 3000 v. Chr. zurück. Erst im 16. Jahrhundert gelangte sie nach Afrika und von dort nach Asien. Die Knollen sind reich an Stärke, eiweißarm und von Milchröhren durchzogen. Der Saft enthält die giftige Substanz Linamarin. Durch Kochen, Dämpfen oder Rösten der geschälten Knollen wird dieser Stoff zerstört. Maniok-Knollen werden zu Tapioka (Maniokstärke) verarbeitet.

Yams

Dioscorea spec.

Kennzeichen: Familie der Schmerwurzgewächse. Kletterpflanzen mit stärkehaltigen Knollen von bis zu 50 kg Gewicht. Knollen rundlich, keulenförmig oder mehrfach unterteilt; auf der Außenseite braunes, rissiges Korkgewebe.
Herkunft: Tropen weltweit.
Wissenswertes: Es gibt etwa 600 Yams-Arten. Die Zusammensetzung der Knolle gleicht derjenigen unserer Kartoffel. Manche Yams-Arten enthalten das giftige Dioscorin, das durch Kochen zerstört wird. Häufig kultiviert wird die **Yams-Wurz** *(D. alata)*. Da sie zum Wachsen Stützen benötigt, läßt man sie an Bäumen emporklettern. Der **Kartoffel-Yams** *(D. bulbifera)* bildet außer Wurzelknollen auch eßbare Luftknollen, die bis zu 2 kg wiegen können.

Taro

Colocasia esculenta

Kennzeichen: Familie der Aronstabgewächse. Erdfarbene, bis 4 kg schwere Knollen, deren Inneres grün, grau oder violett gefärbt ist.
Herkunft: Burma und Assam, seit 2000 Jahren Kultivierung in Indien; Hauptanbaugebiet ist Polynesien.
Wissenswertes: Die Knollen enthalten bis zu 25 Prozent Stärke, 3 Prozent Eiweiß und 1,7 Prozent Zucker sowie Schleimstoffe und Kalziumoxalatkristalle. Diese Kristalle sind hautreizend und können Verdauungsbeschwerden hervorrufen. Zur Abhilfe muß das Kochwasser mehrmals gewechselt werden. Außerdem wird aus den Taro-Knollen Mehl hergestellt. Die jungen Blätter können wie Spinat verwertet werden. Die Pflanze wird nur durch Ableger vermehrt.

Süßkartoffel

Ipomoea batatas

Kennzeichen: Familie der Windengewächse, einjährig. Bis 3 kg schwere Knollen, blaßrot, gelbbraun oder weißlich. Beim Zerschneiden tritt ungiftiger, milchiger Saft aus.
Herkunft: Südamerika; heute überall in den Tropen und zum Teil in den Subtropen.
Wissenswertes: In den Knollen wird überwiegend Stärke, aber auch viel Zucker gespeichert. Daher kommt der süßliche Geschmack. Anfang des 16. Jahrhunderts gelangte die Süßkartoffel nach England. Die einjährige Pflanze gedeiht optimal bei 26–30 °C und „erfriert“ schon bei 10 °C. Je näher das Anbaugebiet am Äquator liegt, desto süßer ist der Geschmack. Süßkartoffeln werden gekocht, geröstet, gebraten oder zu Mehl und Stärke verarbeitet.

Reis

Oryza sativa

Kennzeichen: Familie der Gräser. Rispengras, dessen Rispen aus 30–200 einblütigen Ährchen zusammengesetzt sind, einjährig. Reiskörner mit weiß, gelb, rot oder schwarz gefärbtem Silberhäutchen umgeben.
Herkunft: China und Indien, heute Anbau zwischen 45° nördlicher und 40° südlicher Breite.
Wissenswertes: Die Reis-Kultivierung läßt sich bis 6000 v. Chr. zurückverfolgen. Um 800 v. Chr. gelangte der Reis in den Mittelmeerraum und wird heute noch in Spanien, Italien und Südfrankreich angebaut. Heute ist der Reis nach dem Weizen die wichtigste Getreidekultur und für 60 Prozent der Menschen das Hauptnahrungsmittel. 90 Prozent der Weltproduktion werden in Asien erzeugt

und verbraucht. Man unterscheidet Wasserreis, der einen wasserüberstauten Boden benötigt (siehe S. 89), von Trocken- oder Bergreis, dessen Wasserbedarf von Regenfällen gedeckt wird. Bergreis wächst bis in Höhen von 2700 Metern, ist aber ertragsärmer. Wasserreis wächst auf Flächen, die 15–30 cm hoch überstaut werden. Der Wasserreis erbringt hohe Erträge. In Malariagebieten zieht man aber den Anbau von Bergreis vor, damit sich

in den Wasserflächen nicht die malariaübertragenden Mücken entwickeln können. Der Reis wird mit der Hand oder maschinell geerntet. Nach dem Dreschen erhält man die von Spelzen umhüllten Reiskörner, den sogenannten Paddyreis. Durch Schälen und Polieren der Körner wird das farbige Silberhäutchen entfernt. Reis wird außer zu Brei und Mehl auch zu Puder für die Kosmetikindustrie verarbeitet. Das alkoholische Getränk Arrak wird aus Reis hergestellt.

Hirse

Panicum miliaceum und andere Arten

Kennzeichen: Familie der Gräser. Getreide mit kleinen, etwa 1 mm großen, gelblichbraunen runden Körnern.
Herkunft: Ostasien; heute vor allem in Afrika, Indien und China, früher auch in Europa angebaut.
Wissenswertes: Die **Rispenhirse** *(P. miliaceum)* gehört zu einer Gruppe von kleinsamigen Arten, die als Millet-Hirsen bezeichnet werden. Ihr Anbau in Europa konnte bis in die Steinzeit nachgewiesen werden. Mit der Pflugkultur ging der Anbau zurück und erlebte eine zweite Blütezeit im Mittelalter. Die großsamigen *Sorghum*-Hirsen stammen aus Afrika und wurden dort schon vor über 5000 Jahren kultiviert. Hirsen sind in Afrika und Asien ein wichtiges Grundnahrungsmittel.

Zuckerrohr

Saccharum officinarum

Kennzeichen: Familie der Gräser. Etwa 5 cm dicke, hartwandige Halme, außen glatt, innen faserig, saftig.
Herkunft: Neu-Guinea, seit Jahrtausenden Kultivierung in Asien; heute Anbau in den Tropen und Subtropen.
Wissenswertes: Gelegentlich erhält man im Handel Abschnitte von Zuckerrohr-Halmen. Man schneidet kleine Stücke ab und zerkaut sie so lange, bis der Zucker herausgelöst ist. Die restlichen Fasern werden nicht gegessen. Zwei Drittel der jährlich auf der Erde erzeugten, etwa 100 Millionen Tonnen Zukker werden aus Zuckerrohr gewonnen. Sein Rohrzuckergehalt liegt bei 7–20 Prozent. Noch vor 100 Jahren war Zucker ein Luxusartikel, der nur in Apotheken verkauft wurde.

Olive

Olea europaea

Kennzeichen: Familie der Ölbaumgewächse. Ovale Steinfrüchte, Farbe grün, rötlich bis schwarz. Ein Same in der Mitte.
Herkunft: Orient; Anbau im Mittelmeerraum und anderen subtropischen Gebieten.
Wissenswertes: Der Olivenbaum ist eine der ältesten Kulturpflanzen des Mittelmeerraumes. Schon in der Bibel wird er mehrfach erwähnt. Frische Oliven kommen bei uns selten in den Handel. Der Ölgehalt des Fruchtfleisches liegt bei 40–60 Prozent, der des Samens bei 12–15 Prozent. Die Früchte werden zu einem Brei zerrieben und danach gepreßt. Insgesamt erfolgt die Auspressung dreimal, wobei die Qualität des Öls abnimmt. Haupterzeugerland für Olivenöl ist Spanien.

Sesam

Sesamum indicum

Kennzeichen: Familie der Sesamgewächse. Einjährige, krautige Pflanzen mit vierkammerigen Kapselfrüchten mit zahlreichen ovalen, 2 mm langen, hellbraunen Samenkörnern.
Herkunft: unbekannt; seit Jahrtausenden vor allem in Indien kultiviert.
Wissenswertes: Sesamkörner enthalten etwa 50 Prozent Öl, das einen hohen Anteil an ungesättigten Fettsäuren besitzt. Es wird durch Pressen und Extraktion aus den Samen gewonnen. Das hellgelbe Öl ist geruchs- und geschmacksneutral und lange haltbar. Man verwendet es als Speiseöl und zur Margarineherstellung. Die abgepreßten Körner sind ein eiweißreiches, wertvolles Viehfutter. Sesamkörner werden auf Backwaren und Speisen gestreut.

Register

Mit 104 Farbfotos von Apel (7, 71, 74, 79 u.), Bärtels (17 u., 19 o., 19 u., 33 o., 33 u., 44, 45, 51 o., 52, 54, 60, 63, 86, 87, 89 u.), Bechtel (27 M., 29, 39, 42, 76, 81 u., 89 o.), H. u. J. de Cuveland (15 o., 17 o., 24, 28, 38, 40, 59 o., 79 o., 82, 85), K. de Cuveland (21 o., 25, 26, 27 u., 30, 36, 56, 73, 75, 84), Laux (2/3, 6, 9, 12, 23, 31), Morell (13), Reinhard (8, 10, 14, 15 u., 16, 21 u., 22, 35, 46, 47, 48, 50, 51 u., 53, 57, 58, 59 M., 59 u., 62, 65, 68, 77 o., 77 u., 78, 80, 83, 88, 90, 91, 93), Schönfelder (18, 20, 21 M., 32, 34, 37, 41, 70, 72, 81 o.), Schrempp (43 49, 61), Tipho-Bildarchiv (11) und Wothe (27 o., 55, 64, 69, 92)
sowie 22 Farbzeichnungen von Reinhild Hofmann

Umschlag von Jürgen Reichert, Stuttgart
Umschlagvorderseite: Cherimoyas (aufgeschnitten), Litschis und Ananas (Schatter)
Umschlagrückseite: Feige (Schönfelder) und Granatapfel (Tipho-Bildarchiv)

Die Deutsche Bibliothek – CIP-Einheitsaufnahme

Exotische Früchte / Gabriele und Peter Colditz. – Stuttgart : Franckh-Kosmos, 1993
(Kosmos Naturführer)
ISBN 3-440-06429-8
NE: Colditz Gabriele; Colditz, Peter

ISBN 3-440-06429-8
Lektorat: Andrea Massias und Rainer Gerstle
Grundlayout: Jürgen Reichert
Herstellung: Lilo Pabel
Printed in Italy/Imprimé en Italie
Satz: Kittelberger, Reutlingen
Reproduktion: Repro GmbH, Fellbach
Druck: Printer Trento S. r. l., Trento

Exoten selber ziehen

Exotische Früchte stellen nicht nur eine willkommene Abwechslung auf unserem Speiseplan dar, sondern man kann aus ihnen auch mit geringem Aufwand exotische Pflanzen selber ziehen.

Für die **Anzucht aus Samen** benötigt man nur Torfquelltöpfe (das sind Torfpellets, die durch Wässern aufquellen) oder keimfreie Anzuchterde in kleinen Töpfen sowie einen Anzuchtbehälter. Anzuchtbehälter bestehen aus einer Schale mit Deckel und übernehmen die Funktion eines kleinen Treibhauses. Temperatur und Feuchtigkeit bleiben darin konstant, was wichtig für die Keimung der Samen ist.

Die Samen sollten nach Entnahme aus der Frucht so schnell wie möglich eingesät werden. Zuvor muß man sie von sämtlichem Fruchtfleisch befreien und gut reinigen. Besonders bei größeren Samen empfiehlt sich eine Wasserbeizung. Dazu weicht man die Samen 20 Minuten lang in 50°C warmes Wasser ein. Dadurch werden schädliche Mikroorganismen, die zu Fäulnis führen können, abgetötet. Anschließend setzt man die Samen in das Substrat, etwa 1,5 mal so tief wie der Same breit ist.

Die ideale Keimtemperatur für die meisten exotischen Pflanzen liegt zwischen 20° und 30°C. Daher sollte der Anzuchtbehälter immer warm stehen. Sobald die Samen gekeimt haben, brauchen die Sämlinge sehr viel Licht. Oft reicht die Helligkeit auf der Fensterbank nicht aus, so daß man die kleinen Pflänzchen künstlich, am besten mit speziellen Pflanzenlampen beleuchtet. In den ersten Wochen sind die Keimlinge sehr empfindlich gegen Luftzug und Austrocknung. Daher sollte man den Deckel des Anzuchtbehälters nur allmählich öffnen und die Pflänzchen langsam an die äußeren Bedingungen anpassen. Das Substrat darf dabei nie ganz austrocknen.